GAZZOTTI
VEHLMANN

seuls

6 La quatrième dimension et demie.

DUPUIS

Merci à Franck Monnet, dont le très beau
disque "Malidor" a souvent accompagné
l'écriture des albums de "Seuls".
Fabien.

Pour Lucie.
Bruno.

Couleurs : Usagi

Conception graphique : Stefan Dewel

D.2011/0089/98 — R.3/2013.
ISBN 978-2-8001-5024-6
© Dupuis, 2011.
Tous droits réservés.
Imprimé en Belgique par Proost.
www.dupuis.com

ET TOI, TU TE RAPPELLES COMMENT ÇA T'EST ARRIVÉ ?

MMHH.

OUI, ÇA M'EST REVENU APRÈS CE QU'A DIT SAUL... C'ÉTAIT UNE MÉNINGITE, JE SUIS MORT EN DEUX JOURS!

ALLERGIE AUX ARACHIDES.

ET MAINTENANT, J'SUIS **VRAIMENT** UNE NO-LIFE ! ÇA FAIT TROP STRANGE !

J'CROIS QU'CHUIS TOMBÉ D'MA FENÊTRE EN ESSAYANT D'ALLER RETROUVER MON PAPA... LE DRAP POUR M'ENFUIR ÉTAIT PAS BIEN ATTACHÉ.

C'EST NUL.

MOI, C'EST COMME DODJI ET LEÏLA, JE ME RAPPELLE PLUS DU TOUT CE QUI M'EST ARRIVÉ... SAUF QUE VISIBLEMENT, ON EST TOUS MORTS LE MÊME JOUR. C'EST TELLEMENT BIZARRE...

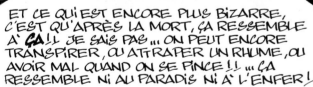

ET CE QUI EST ENCORE PLUS BIZARRE, C'EST QU'APRÈS LA MORT, ÇA RESSEMBLE A' **ÇA** !! JE SAIS PAS... ON PEUT ENCORE TRANSPIRER, OU ATTRAPER UN RHUME, OU AVOIR MAL QUAND ON SE PINCE !! ... ÇA RESSEMBLE NI AU PARADIS NI A' L'ENFER !

MAIS BON. SI C'EST COMME ÇA, C'EST COMME ÇA !

MOI, BORIS ET DEUX AUTRES, C'EST NOTRE BUS QU'A EU UN ACCIDENT, EN FIN D'APRÈS-MIDI... J'ME SUIS RÉVEILLÉE QUELQUES HEURES PLUS TARD DANS MON LIT, AVEC LE BRUIT DE L'ACCIDENT ENCORE DANS LES OREILLES...MAIS ENSUITE J'AI TOUT OUBLIÉ.

MOI, CE QUI M'EMBROUILLE ENCORE, C'EST CETTE HISTOIRE DES 15 FAMILLES DONT PARLAIT MON PÈRE ...

ET PUIS OÙ SONT MES PARENTS, S'ILS SONT MORTS DANS LE MÊME ACCIDENT DE VOITURE QUE MOI?...ET OÙ EST MON GRAND-PÈRE ? ET MON PETIT COUSIN QU'EST MORT QUAND IL AVAIT 3 ANS ?! J'AURAIS DÛ LES RETROUVER ICI, NON ?

...PAPA ET MAMAN ME MANQUENT HORRIBLEMENT. JE DONNERAIS TOUT POUR POUVOIR LEUR PARLER ...MÊME CINQ MINUTES !

JE RETOURNE AU CAMP. T'ES SÛRE DE VOULOIR RESTER TOUTE SEULE ICI ?

JE VEUX ÊTRE LÀ POUR BORIS, QUAND IL REVIENDRA DE LA ZONE ROUGE.

PARCE QU'IL VA REVENIR, N'EST-CE PAS ? ...COMME DODJI ET SAUL. ON NE PEUT PLUS MOURIR, ICI, NON ?

...À CE QU'IL PARAÎT.

DODJI

JE "" TE JURER QUE TON CADAVRE ÉTAIT BIEN LÀ-DESSOUS.

JE T'AI ENTERRÉ DE MES PROPRES MAINS !! ""TOUT ÇA PARAÎT TELLEMENT... IMPOSSIBLE!

ET POURTANT ON SAIT QUE C'EST VRAI, NON ? "" ON LE SENT AU PLUS PROFOND DE NOUS !

MOI, JE SAIS PAS CE QUI M'EST ARRIVÉ, MAIS ÇA ME FOUT LA RAGE DE "" D'ÊTRE MORT SI TÔT "" C'EST DÉGUEULASSE !!

"" MAIS SI ON EST TOUS DÉJÀ MORTS, ET QUE DANS CET "ENDROIT", ON NE PEUT PLUS MOURIR "" ALORS POURQUOI SÉLÈNE ET ALEXANDRE ONT ESSAYÉ DE NOUS TUER ? ÇA SERVAIT À RIEN !

ET POURQUOI ILS ONT DIT À CAMILLE QUE C'ÉTAIT LA FAUTE DES ENFANTS DE FORTVILLE, SI CET IMMEUBLE NOIR EST APPARU DANS LA ZONE ? ""

C'EST N'IMPORTE QUOI !! ON N'A RIEN À VOIR AVEC ÇA ! CE TRUC, C'EST "" C'EST LE **MAL** !

ON N'A AUCUNE IDÉE DE CE QUE C'EST, LEÏLA. ET IL VA FALLOIR RETOURNER DANS LA ZONE, POUR L'OBSERVER DE PLUS PRÈS.

MAIS EN ATTENDANT, ÇA DOIT RESTER ENTRE NOUS CINQ, D'ACCORD ? IL NE FAUT SURTOUT PAS QUE SAUL OU LES AUTRES SOIENT AU COURANT "" ÇA POURRAIT ÊTRE TRÈS DANGEREUX POUR NOUS.

ALLEZ, ÇA IRA, T'INQUIÈTE PAS "" ON TROUVERA PEUT-ÊTRE UN MOYEN DE QUITTER CET ENDROIT, QUI SAIT ? ""

SI TU LE DIS ""

ciel

7 · 8
6
4 · 5
3
2 ·
1

terre

③

MERCI À TOUS D'ÊTRE VENUS.

AVEC QUELQUES AUTRES, ON A PENSÉ QUE C'ÉTAIT IMPORTANT DE FAIRE UNE SORTE DE... DE CÉRÉMONIE POUR CE QUI NOUS EST ARRIVÉ.

NOTRE ENTERREMENT, QUOI.

FAUT PAS DIRE ÇA!! C'EST... C'EST JUSTE UNE PRIÈRE POUR QUE DIEU NOUS AIDE!

POUR QU'IL NOUS FASSE RESSUSCITER COMME JÉSUS ET EUH... LA SAINTE-TRILOGIE, C'EST ÇA?

TERRY, TU ES LE PIRE ENFANT DE CHŒUR QUE J'AIE JAMAIS VU! VA PLUTÔT ALLUMER LES CIERGES AU LIEU DE DIRE DES BÊTISES!!

OUAAAiiiS!

ALORS VOILÀ: ON PENSAIT PRIER POUR DEMANDER À ALLER AU PARADIS!

PARCE QUE POUR L'INSTANT, ON EST AU PURGATOIRE, C'EST ÇA?

J'Y CROIS PAS, LE PURGATOIRE EXISTE PAS CHEZ LES JUIFS.

QU'EST-CE QUE T'EN SAIS?

PARCE QUE JE SUIS JUIF.

JUIF ET NOIR?! HA! HA! MAIS C'EST PAS POSSIBLE!

JUIF, C'EST UNE RELIGION, IDIOT! PAS UNE COULEUR DE PEAU!!

LÀ OÙ IL A PAS TORT, C'EST QU'ON N'A PAS TOUS LA MÊME RELIGION, ICI... ALORS QUOI, ON FAIT UN "REMIX" DES DIFFÉRENTES PRIÈRES?

HA! HA! ON VA FAIRE DES SAMPLES BOUDDHISTES!

OU BIEN CHACUN FAIT COMME IL VEUT? PAR EXEMPLE, AJZA ET TOI, VOUS DEVRIEZ PLUTÔT PRIER TOURNÉES VERS LA MECQUE, NON?

QU'EST-CE QUE J'EN SAIS, MOI?! DANS MA FAMILLE, ON N'A JAMAIS PRATIQUÉ.

ET SI ON EST PROTESTANT, ON SE TOURNE VERS QUOI?

4

ÇA VA PAS DU TOUT! ARRÊTEZ DE POSER DES QUESTIONS EMBÊTANTES! UNE MESSE, C'EST JOLI ET BIEN ORGANISÉ!...

BELING BELING BLING

IL FAUT ...?!

TERRY, MAIS QU'EST-CE QUE TU FICHES ?!

PPPSHH!!!!

ÇA VIENT DU MAGASIN DE FARCES ET ATTRAPES! C'EST PLUS RIGOLO QUE LES BÂTONS D'ENCENS!

ET COM... COMMENT ÇA SE PASSE POUR LES ATHÉES? CEUX QUI CROIENT PAS EN DIEU?

BEN, TU VOIS BIEN QU'IL Y A UNE VIE APRÈS LA MORT, ESPÈCE DE DÉBILE!!

OUI, OUI...MAIS...Y A DES PHILOSOPHES QUI DISENT QUE DIEU EST MORT, QU'IL EXISTE PLUS.

HEIN? TU DIS N'IMPORTE QUOI !?...

NAN, MAIS JE SUIS SÛR DE RIEN, HEIN, JE... JE DEMANDE JUSTE POURQUOI ON N'A PAS VU DIEU, DEPUIS QU'ON EST ICI...IL SE CACHE OÙ?

... IL EST P'TÊT' DANS LA ZONE ROUGE ...

SI DIEU, IL EST MORT... ALORS C'EST P'TÊT' LUI, LE TRUC TOUT POURRI, ET PIS NOIR, ET PIS ENTOURÉ DE MOUCHES QU'I A AVALÉ SÉLÈNE ET BORIS...

PPSHHH! ...PSSH!

ON AVAIT DIT QU'ON PARLAIT PLUS DE CETTE CHOSE HORRIBLE, TERRY ...ÇA FAIT TROP PEUR...

⑤

C'EST LES ÉTINCELLES! ÇA A TOUT MIS LE FEU AUX FUSÉES D'ARTIFICE QU'ÉTAIENT POUR APRÈS LA MESSE!

TOUS DEHORS, VITE!!

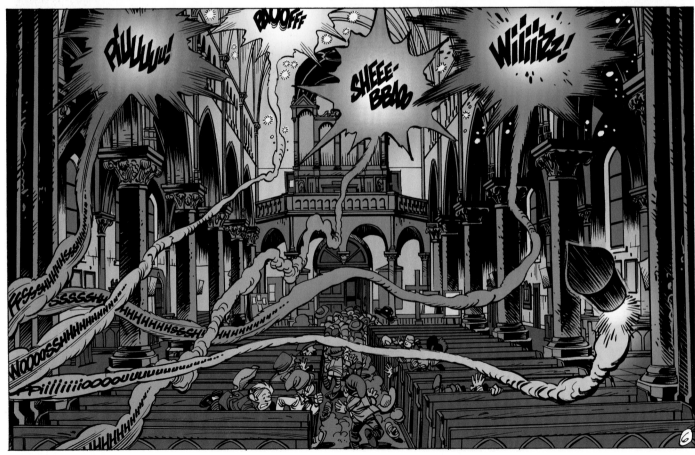

HOUUU! QUELLE GROSSE CATA, CET ENTERREMENT!

HA! HA! HA!

ROW

PÈT!

EH, DODJI... PENDANT QU'ON Y EST...

JE TE RENDS ÇA.

OUBLIONS CE QUI S'EST PASSÉ ENTRE NOUS, D'ACCORD? ...J'AI CHANGÉ, ON POURRAIT ÊTRES AMIS, MAINTENANT.

?!

JE NE VEUX FORCER PERSONNE À ME SUIVRE. MAIS SACHEZ QUE VOUS SEREZ TOUJOURS LES BIENVENUS DANS MON CLAN.

ALLEZ LES GARS, SUIVEZ-MOI! J'AI BIEN ENVIE DE VOIR CES FAMEUX "CAIRNS" DE PLUS PRÈS!

TU CROIS QUE C'EST VRAI... QU'IL A VRAIMENT CHANGÉ?

SI TU AVAIS VU SON REGARD QUAND IL M'A TIRÉ DESSUS, TU SAURAIS QU'IL EST RESTÉ EXACTEMENT LE MÊME.

EH! DITES, J'AI EU UNE IDÉE PENDANT LA MESSE. VOUS SAVEZ OÙ JE POURRAIS TROUVER UNE BOÎTE DE SCRABBLE?

...TU CROIS VRAIMENT QUE C'EST LE MOMENT, YVAN?!

C'EST PAS POUR JOUER, BANANE ...C'EST POUR ESSAYER DE PARLER À MES PARENTS.

PAPA, MAMAN ...
VOUS M'ENTENDEZ ?

PAPY ?... MAMAN ?

PFF... ÇA FAIT UNE DEMI-HEURE QU'ON ESSAIE, ÇA MARCHERA JAMAIS ...

ET PUIS ÇA FAIT UN PETIT PEU PEUR, QUAND MÊME.

ET PUIS C'EST IDIOT TON TRUC = LE SPIRITISME, C'EST POUR PARLER AUX MORTS ! LÀ ! C'EST NOUS LES MORTS !

SI ÇA MARCHE DANS UN SENS, ÇA MARCHE PEUT-ÊTRE DANS L'AUTRE ... C'EST PEUT-ÊTRE JUSTE MA QUESTION QUI N'EST PAS BONNE.

À MOI ! À MOI !

Y A QUELQU'UN ? HOUHOUUUU ? LES ESPRITS ? VOUS ÊTES LÀ ?

CHHH ! MOINS FORT, TERRY !...

BRAAAAAAA

BRAAA !

♪... J'AVAIS DIIIIIIIT D'APPELER MOINS FORT !! MAINTENANT ILS T'ONT ENTENDUUUU !!

C'EST UNE BLAGUE ? C'EST UN DE VOUS QUI A FAIT ÇA ?

NON !!

TAISEZ-VOUS ! ÇA CONTINUE !

8

VOUS...

...DEVEZ...VOUS...

...RAPPELER...

...VOTRE...MORT...

...SINON...LES 15...

ÇA S'ARRÊTE?

HIIIIIIIIIIII!

LÂCHEZ LE VERRE!

WOOOOW... PUNAISE!...

RHAAA, ENCORE CES FICHUES 15 FAMILLES! ON PEUT MÊME PAS MOURIR TRANQUILLES, À LA FIN?!

MAIS C... COMMENT C'EST POSSIBLE ?... QUE CES FAMILLES AIENT EXISTÉ DANS LE MONDE DES VIVANTS, ET QU'ELLES NOUS MENACENT **ENCORE ICI**, DANS CE MONDE DES MORTS ?!

IL FAUT À TOUT PRIX QUE T'ESSAIES D'EN SAVOIR PLUS SUR TON PÈRE, YVAN, POUR QU'ON COMPRENNE CE QU'IL SAVAIT DE CETTE MENACE.

MAIS J'AI DÉJÀ FOUILLÉ SON BUREAU, ET PUIS À LA MAISON ! J'AI RIEN TROUVÉ !

J'AI ... J'AI JUSTE EU L'IMPRESSION QU'IL AVAIT TRAÎNÉ DANS DES AFFAIRES UN PEU LOUCHES, QUAND J'AI DÉCOUVERT SON FLINGUE ...

ALORS FAUT DEMANDER À LA POLICE S'ILS SAVENT DES TRUCS !

TERRY, TA BÊTISE ARRIVE ENCORE À ME SIDÉRER.

ATTENDS, C'EST PAS IDIOT ! ON POURRAIT ALLER AU COMMISSARIAT, POUR LIRE LEURS DOSSIERS ? PEUT-ÊTRE QUE ÇA NOUS APPRENDRA QUELQUE CHOSE SUR LE PAPA D'YVAN !

C'EST ÇA QU'J'VOULAIS DIRE !

RAMENEZ-VOUS, VITE !!

HAAAAA !!!

T'ES ... T'ES MALADE DE DÉBOULER COMME ÇA ?!

VENEZ, J'VOUS DIS ! SAUL A FOUTU LE FEU AUX CAIRNS !

... QUOI ?

10

...QU'EST-CE QUI LUI PREND ?

IL A DIT QUE C'EST POUR MONTRER QU'IL A PEUR DE RIEN ...QU'IL VA DÉTRUIRE LA ZONE.

TU PENSES À QUOI ?

LES CAIRNS QUE LES VIKINGS CONSTRUISAIENT SUR LES TOMBES, C'ÉTAIT POUR EMPÊCHER LES MAUVAIS ESPRITS DE SORTIR ... FALLAIT SURTOUT PAS Y TOUCHER !

ALORS J'ESPÈRE QUE CES INCENDIES VONT PAS FÂCHER LE MONOLITHE NOIR ...OU LES 15 FAMILLES !

ALORS QUE BORIS EST ENCORE À L'INTÉRIEUR ?!

OUILLOUILLOUILLE, POURVU QUE ÇA CRÉE PAS DE PROBLÈMES AVEC LES SINGES ... OU PIRE ENCORE !

...MAIS CE QUI EST SÛR, C'EST QUE JE VOUS DÉCONSEILLE DE RETOURNER DANS LA ZONE APRÈS ÇA !

11

FLASH!

J'SUIS TOUJOURS PAS SÛR DE COMPRENDRE POURQUOI TU VEUX QU'ON PRENNE CES PHOTOS.

JE FAIS COMME LES POLICIERS SUR LES SCÈNES DE CRIME... J'AMASSE TOUS LES INDICES POSSIBLES. SAUF QUE LÀ, J'ENQUÊTE SUR MA PROPRE MORT. C'EST ZARB.

...T'EN PENSES QUOI, DE CE QUI EST ARRIVÉ À LA SÉANCE DE SPIRITISME D'HIER ?

J'EN SAIS TROP RIEN.

MAIS J'AI PAS ATTENDU ÇA POUR VOULOIR ME SOUVENIR DE CE QUI M'EST ARRIVÉ. J'SUIS DÉJÀ PASSÉ AU FOYER OÙ J'AVAIS ÉTÉ PLACÉ APRÈS LA MORT DE MON BEAU-PÈRE, MAIS ÇA M'A RIEN RAPPELÉ !

LA PROCHAINE FOIS, JE T'Y ACCOMPAGNERAI... PEUT-ÊTRE QUE SI ON EN PARLE À DEUX, ÇA TE FERA REVENIR DES SOUVENIRS PLUS FACILEMENT ?

ON VERRA.

OUI, CAMILLE? ...QUOI ?

...JE TE DIS QU'ILS NOUS INTERDISENT L'ENTRÉE DU COMMISSARIAT !

ILS ONT FAIT UNE SORTE DE TAG SUR LA PORTE ET...

C'EST NOTRE NOUVEL EMBLÈME ! ON S'APPELLE LE CLAN DU **SOLEIL**, MAINTENANT.

C'EST SAUL QU'A VOULU CHANGER.

...ILS DISENT QUE C'EST POUR MARQUER LEUR TERRITOIRE À EUX, POUR PAS MÉLANGER AVEC LE NÔTRE !

"...LEUR TERRITOIRE À EUX "?!

12

SAUL!

C'EST QUOI CETTE HISTOIRE DE PARTAGE DE LA VILLE ?!

EH, VOUS AVEZ VU NOS MARQUES ?

ON N'A MÊME VU QUE ÇA, EN VENANT JUSQU'ICI ! TU TE FOUS DE NOUS, OU QUOI ?

OÙ EST LE PROBLÈME ? C'EST JUSTE POUR SAVOIR CE QUI EST À CHACUN, C'EST TOUT !

ARRÊTE TES CONNERIES, SAUL, LA VILLE EST À TOUT LE MONDE.

VRAIMENT ?... POURTANT, LA PLACE OÙ VOUS AVEZ INSTALLÉ VOTRE CAMP, ELLE EST QUE POUR VOUS, NON ? J'IMAGINE QUE VOUS N'AIMERIEZ PAS QU'ON VIENNE VOUS Y EMBÊTER !

ON FAIT LA MÊME CHOSE QUE VOUS = ON MARQUE LES ENDROITS QUI APPARTIENDRONT À NOTRE CLAN. RIEN NE VOUS EMPÊCHE D'EN FAIRE AUTANT.

MAIS VOUS EN AVEZ DÉJÀ MARQUÉ PLEIN ! C'EST PAS JUSTE, VOUS ÊTES CARRÉMENT PLUS NOMBREUX QUE NOUS !

C'EST VRAI. MAIS VOUS CONNAISSEZ MIEUX LA VILLE, ÇA COMPENSE, NON ?

VOYEZ ÇA COMME UN GRAND JEU ! MARQUEZ AUSSI VOTRE TERRITOIRE ! ET QUE LE MEILLEUR GAGNE !

13.

ALLEZ, ALLEZ, ALLEZ! PRENEZ CHACUN PLUSIEURS BOMBES DE PEINTURE!

FAUDRA MARQUER AUTANT DE BÂTIMENTS QUE POSSIBLE, D'ACCORD?

OUAIS, SUPER!

ON VA LEUR MONTRER QU'ILS SONT RIEN QUE DES ZÉZETTES MOLLES!

"... ET VOUS DESSINEREZ QUOI COMME MARQUE? NOTRE GROUPE A MÊME PAS DE NOM!

ZUT, C'EST VRAI, ÇA... FAUT EN TROUVER UN!

ET PUIS IMAGINER UN EMBLÈME, POUR EN FAIRE NOTRE ÉTENDARD!

J'CROIS PAS QUE CE SOIT UNE BONNE IDÉE DE FONCER LÀ-DEDANS... VOUS ALLEZ ENTRER DANS LE JEU DE SAUL ET VOUS FAIRE AVOIR... COMME MOI À L'ÉPREUVE DU REQUIN.

ALORS QUOI? ON RESTE LES BRAS CROISÉS PENDANT QU'IL SE MET TOUT FORTVILLE DANS LA POCHE? COMMENT ON MANGERA S'IL NOUS PIQUE TOUS LES COMMERCES? JE TE RAPPELLE QUE MÊME MORTS, ON A TOUJOURS FAIM ET SOIF = C'EST INCOMPRÉHENSIBLE MAIS C'EST COMME ÇA!

JE SAIS... MAIS ÇA SERAIT MIEUX DE QUITTER FORTVILLE. SE BARRER LE PLUS LOIN POSSIBLE DE SAUL, DE LA ZONE ET DE CE FICHU IMMEUBLE NOIR.

ET S'IL N'Y A PAS D'AUTRE VILLE AILLEURS, DODJI?... LA DERNIÈRE FOIS QU'ON A EXPLORÉ LES ALENTOURS, TOUT PARAISSAIT BRÛLÉ SUR DES KILOMÈTRES.

ET PUIS BORIS EST TOUJOURS PAS REVENU DE LA ZONE... ZOÉ PARTIRA PAS D'ICI SANS LUI! ON VA PAS LA LAISSER TOUTE SEULE ICI!

ET COMMENT ON FERA NOTRE ENQUÊTE SUR LES 15 FAMILLES SI ON PEUT PAS ALLER DANS LE COMMISSARIAT?

OUAIS... VOUS AVEZ PEUT-ÊTRE RAISON.

14

DE TOUTE FAÇON, T'AS ÉTÉ ÉLUE CHEF. QUELLE QUE SOIT TA DÉCISION, TU PEUX COMPTER SUR MOI.

MERCI.... MAIS TU SAIS QUE J'AURAI TOUJOURS BESOIN DE TES CONSEILS.

VOILÀ! DODJI EST DÉSORMAIS "CONSEILLER OFFICIEL" DE NOTRE CLAN!

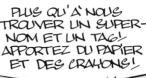

PLUS QU'À NOUS TROUVER UN SUPER-NOM ET UN TAG! APPORTEZ DU PAPIER ET DES CRAYONS!

PFFFFF...

J'VEUX PAS DE L'IDÉE D'YVAN.

MAIS C'EST BEAU, "LE CLAN DE MALIDOR"! ÇA VIENT D'UNE SUPER-CHANSON! ET C'EST MIEUX QUE TON "CLUB DES ENFANTS MORTS"!

ON S'EN SORT PAS, ÇA M'ÉNERVE!

AU MOINS, MON IDÉE À MOI ÉTAIT COOL!

"LE CLAN DU PONEY D'ARGENT"?! ... PAR P'TIÉ, CAMILLE!

ENTRE ÇA ET LE "FAN-CLUB DE DODJI" PROPOSÉ PAR EDWIGE, BONJOUR LE NIVEAU...

LE FAN-CLUB DE.... ?!

BEN OUAIS, C'EST TOI L'MEILLEUR!

BON, ON VA PAS Y PASSER LA JOURNÉE.

MAIS CHACUN A SON IDÉE D'ÉTENDARD RIEN QU'À LUI. ON N'ARRIVE PAS À SE METTRE D'ACCORD!

ALORS ON S'APPELLERA "LE CLAN DES ÉTENDARDS" ET NOTRE MARQUE, CE SERA ÇA! ON Y VA, MAINTENANT?

"... D'ACCORD.

C'EST TOUJOURS UN PLAISIR, UNE BONNE GROSSE COLÈRE DE NOTRE CONSEILLER OFFICIEL.

15

ON A LA PISCINE MUNICIPALE... MAIS VU L'ÉTAT DU BASSIN, JE CROIS QU'ILS NOUS L'ONT LAISSÉE EXPRÈS...

C'EST COMME POUR LES ÉCOLES : ILS EN ONT RIEN À FICHE.

"... PAR CONTRE ILS SE SONT GARDÉ LE STADE DE FOOT. ON A DÛ ARRIVER DEUX MINUTES APRÈS EUX, LA PEINTURE ÉTAIT ENCORE FRAÎCHE ! LES BOULES !!

"... ÇA COMMENCE À SENTIR MAUVAIS POUR NOUS, TOUT ÇA..."

ZUT, ICI AUSSI !... ILS ONT PLUS D'AVANCE QU'ON NE PENSAIT !

LAISSE TOMBER, L'HYPERMARCHÉ EST PLUS IMPORTANT.

"... ICI, IL Y A PLEIN D'ESSENCE, DE CONSERVES, DE MATOS DE CONSTRUCTION... TOUT CE QU'IL NOUS FAUT POUR UN BON MOMENT.

J'VOIS PAS DE MARQUE, ON A ENCORE UNE CHANCE DE...

"... ET MERDE.

EH, GÉ-NIAL, CE MAGASIN ! MERCI DE NOUS L'AVOIR LAISSÉ, HEIN !!

18

HA! HA! HA! ILS PEUVENT LE GARDER, LEUR MAGASIN TOUT VIDE! À NOUS LES BONBECS!

PFFF, FAIT TROP CHAUD SOUS MON MASQUE... J'AURAIS DÛ METTRE UN VOILE DE NINJA, COMME TOI.

JE T'AI DÉJÀ DIT, C'EST PAS UN VOILE DE NINJA!

C'EST BON, ILS NOUS SONT PAS TOMBÉS DESSUS!

FAUT CROIRE QU'ILS ONT TOUJOURS PEUR DE SORTIR LA NUIT, COMME AU PARC!

ALORS ON VA MULTIPLIER LES PETITES ACTIONS ÉCLAIR... C'EST ÇA, LA GUÉRILLA!

C'EST DOMMAGE QU'ON N'AIT PAS PU ENTRER DANS CE COMMIS-SARIAT...

Y AVAIT DES GRILLES PARTOUT, T'AS BIEN VU... FAUDRA TROUVER UNE CLÉ.

EUH, YVAN... J'AI PAS OSÉ EN PARLER DEVANT LES AUTRES, MAIS... À TOI JE PEUX LE DIRE : JE CROIS PAS VRAIMENT QU'ON SOIT MORTS.

BEN ?!... T'AS DIT TOI-MÊME QUE TU TE RAPPELLES COMMENT ÇA T'EST ARRIVÉ!

EN FAIT, JE ME SUIS SENTI PARTIR... J'AI "COMMENCÉ À MOURIR", SI TU VEUX. C'EST PAS PAREIL.

POUR MOI, LA MORT, C'EST QUAND TU RESSENS PLUS RIEN, QUE TU PENSES PLUS RIEN... TON CORPS SE DÉSAGRÈGE, C'EST LA FIN DE TOUT. ALORS QU'ICI, "QUELQUE CHOSE" CONTINUE, PAS VRAI?

DU COUP, J'AI CHERCHÉ UNE THÉORIE RATIONNELLE POUR CONCILIER CES DEUX TRUCS OPPOSÉS.

JE T'ÉCOUTE AVEC UNE ATTENTION RARE.

ÇA T'EST DÉJÀ ARRIVÉ DE FAIRE UN RÊVE, GENRE : T'ES À L'ÉCOLE, TU FAIS PLEIN DE TRUCS, ET SOUDAIN LA CLOCHE DE LA RÉCRÉ SONNE, TU TE RÉVEILLES ET EN FAIT C'ÉTAIT TON RÉVEIL QUI SONNAIT ?

AH OUAIS, CARRÉMENT.

CE QUE ÇA PROUVE, C'EST QUE NOTRE CERVEAU PEUT IMAGINER HYPER-VITE UN RÊVE VACHEMENT LONG, RIEN QU'EN ENTENDANT LE TOUT DÉBUT DE LA SONNERIE DE TON RÉVEIL !

C'EST PAREIL QUAND T'AS PEUR D'UN TRUC = TON CERVEAU EST BOOSTÉ POUR MIEUX AFFRONTER LE DANGER ET T'AS L'IMPRESSION QUE LE TEMPS RALENTIT... DU COUP, J'ME DIS QUE ÇA POURRAIT AUSSI ARRIVER QUAND ON MEURT, FACE À LA PEUR DE DISPARAÎTRE À JAMAIS !

STRESS & HYPOTHALAMUS

JE PIGE PAS : ON SERAIT DANS LE COMA ET ON IMAGINERAIT TOUT ÇA ?

JE PENSE PAS AU COMA : JE TE PARLE DE CE QUI ARRIVE PEUT-ÊTRE À TOUTE PERSONNE QUI VA MOURIR DEPUIS LA NUIT DES TEMPS...

MON HYPOTHÈSE, C'EST QUE, UNE MICRO-SECONDE AVANT QU'ON MEURE, NOTRE CERVEAU S'EMBALLE, SE MET À PENSER À TOUTE VITESSE.

ÇA SERAIT 10 000 FOIS PLUS PUISSANT QU'UN RÊVE OU QUE DU STRESS. ET POUR NOTRE ESPRIT, CETTE DERNIÈRE MICRO-SECONDE DE CONSCIENCE S'ALLONGERAIT À L'INFINI ET ON S'IMAGINERAIT TOUT UN UNIVERS... C'EST ÇA QUE LES RELIGIONS APPELLERAIENT LA "VIE ÉTERNELLE"...

C'EST FORT, TON TRUC.

OUAIS. J'AI APPELÉ ÇA : "LA QUATRIÈME DIMENSION ET DEMIE", PARCE QUE C'EST UNE DIMENSION CACHÉE DANS LE TEMPS, ET LE TEMPS, C'EST LA QUATRIÈME DIMENSION.

"...MAIS CE QUI COLLE PAS, C'EST COMMENT ON PEUT PARTAGER À PLUSIEURS LE MÊME UNIVERS "IMAGINÉ". LOGIQUEMENT, CHACUN DEVRAIT AVOIR SON UNIVERS MENTAL À LUI, BIEN SÉPARÉ DES AUTRES...

TINGTINGTING

HAAAAAA !!

TINGTINGTINGTINGTINGTI

C'EST L'ALARME INCENDIE !

OH ! NON ! PAS LA BIBLIOTHÈQUE !

21

PAR ICI, VITE !

!!!ÇA CRAINT VRAIMENT, LÀ ! LAISSE TOMBER LES LIVRES !

KOF! KOFF!!

YVAN ? KOF! KOFF!

YVAAAAN!

EH, DÉBILOS !

KOF! KOFF!!

ON DIRAIT BIEN QU'ON TIENT UN DES VÔTRES, MAINTENANT !

C'EST ÇA, BARRE-TOI, PAUV'TROUILLARD !

!!!VA PRÉVENIR DODJI ET LES AUTRES !

22

24

MAIS ON FERA QUOI, QUAND ON SERA LÀ-BAS ? ON VA PAS SE BATTRE QUAND MÊME ?

J'EN SAIS RIEN. MAIS ILS ONT INTÉRÊT À NOUS RENDRE YVAN ...

ILS ONT FAILLI LES BRÛLER, QUOI ! ... JE SAIS BIEN QU'ON PEUT PLUS MOURIR, MAIS ÇA, C'EST HORRIBLE !! ...

ATTENTION ...

ALORS COMME ÇA, VOUS AVEZ BRÛLÉ UN DE NOS BÂTIMENTS ? ... C'EST PAS TRÈS FAIR-PLAY !

HEIN ?! ... MAIS C'EST VOUS, OUI ! ET VOUS AVEZ FAILLI CARBONISER YVAN ET ANTON !!

23

OH, C'EST PAS VOUS QU'ÊTES VENUS VOLER DE L'ESSENCE À L'HYPERMARCHÉ CETTE NUIT, PEUT-ÊTRE ?

JE VAIS ÊTRE COOL ET DIRE QUE C'ÉTAIT JUSTE UNE MALADRESSE DE VOTRE PART...LE JEU DES TAGS VA CONTINUER.

MAIS D'ICI LA FIN, ON VA GARDER YVAN AVEC NOUS...POUR ÊTRE SÛRS QUE VOUS RESPECTEREZ LES RÈGLES, MAINTENANT.

ON N'A RIEN BRÛLÉ DU TOUT !! ...RENDEZ-NOUS YVAN !

T'INQUIÈTE, ON VOUS ENVERRA SES PHOTOS DE VACANCES ! HA ! HA !

LE CULOT QU'ILS ONT ! J'HALLUCINE !!

TU CROIS QU'IL A RAISON ? QUE C'EST L'UN DE NOUS QUI A MIS LE FEU ?

MAIS T'AS PAS ENCORE COMPRIS, CAMILLE ?

IL S'EST DOUTÉ QU'ON IRAIT CHERCHER DE L'ESSENCE ET IL EN A PROFITÉ POUR NOUS TENDRE UN PIÈGE ET MONTER SON CLAN CONTRE NOUS !

DIS PAS N'IMPORTE QUOI ! SAÜL EST PAS COMME ÇA !

ARRÊTE D'EN FAIRE UN MONSTRE, À LA FIN !

...MOI, J'AIME PAS QUAND ON SE CRIE DESSUS...

24

BON, VOILÀ LA NOUVELLE STRATÉGIE QUE JE PROPOSE ...

ON VA SE SÉPARER EN TROIS ÉQUIPES. LA PREMIÈRE VA CONTINUER À TAGUER DES BÂTIMENTS, MAIS CETTE FOIS-CI VERS LA BANLIEUE DE FORTVILLE, EN ÉVITANT SURTOUT DE PROVOQUER LE CLAN DU SOLEIL.

C'EST SUPER-LOIN DE NOTRE CAMP...

JE SAIS, MAIS C'EST AUSSI LES COINS QUI ONT ÉTÉ LES MOINS MARQUÉS. COMME ÇA, ON CONTINUE À ÊTRE "DANS LA COURSE", AU CAS OÙ...

MAIS PENDANT CE TEMPS, UNE DEUXIÈME ÉQUIPE ENTASSERA LE MAXIMUM DE VIVRES ET DE MATÉRIEL DANS LE BUS, POUR SE PRÉPARER À PARTIR D'ICI.

...TU VEUX QUITTER FORTVILLE, FINALEMENT?

J'SAIS PAS ENCORE MAIS FAUT SE PRÉPARER AU PIRE ...FAUDRA ÊTRE PRÊTS À SE BARRER EN URGENCE, SI ON PENSE QUE LE MOMENT EST VENU.

MAIS... ET BORIS ET YVAN?

POUR BORIS, TU LAISSERAS UN MOT ET UN TÉLÉPHONE PORTABLE, SI JAMAIS IL REVIENT AU CAMP... COMME ÇA, IL POURRA NOUS APPELER POUR SAVOIR OÙ ON EST ALLÉS.

ET POUR YVAN, FAUDRA UNE TROISIÈME ÉQUIPE, PLUS RÉDUITE, QUI DEVRA REPÉRER DISCRÈTEMENT OÙ IL A ÉTÉ PLANQUÉ ...ET LE LIBÉRER.

ALORS, CE SERA MOI, "L'ÉQUIPE RÉDUITE".

25

LEÏLA, LEÏLA! ILS M'ONT ENVOYÉ UNE PHOTO D'YVAN!

OH, PURÉE!

Je suis un Sgueg

WOAHAHA! LA HONTE!

HAAN! ILS LUI ONT FAIT UN ZOBI SUR LE FRONT!

ARRÊTEZ DE RIGOLER! IMAGINEZ SI VOUS ÉTIEZ À SA PLACE!

ALLEZ, CHACUN SAIT CE QU'IL LUI RESTE À FAIRE! PERDEZ PAS UNE MINUTE!

J'IMAGINE QUE T'ES SÛR ET CERTAIN DE VOULOIR FAIRE ÇA TOUT SEUL.

TU COMMENCES À ME CONNAÎTRE...

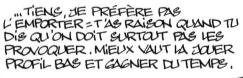

...TIENS, JE PRÉFÈRE PAS L'EMPORTER = T'AS RAISON QUAND TU DIS QU'ON DOIT SURTOUT PAS LES PROVOQUER. MIEUX VAUT LA JOUER PROFIL BAS ET GAGNER DU TEMPS.

MAIS FAIS GAFFE À TOI QUAND MÊME, HEIN!

À TOUT'!

26

PFFF, FAIT CHAUD, TU TROUVES PAS ?

CARRÉMENT ! ALORS QU'ON EST EN AUTOMNE, EN PLUS !

C'EST PAS ÇA QU'ON APPELLE "L'ÉTÉ INDIEN" ?

OUAIS ? J'SAIS PAS, MOI.

EN MÊME TEMPS, C'EST VRAI QUE LES WESTERNS AVEC LES INDIENS, ÇA SE PASSE TOUJOURS L'ÉTÉ, ÇA VIENT PEUT-ÊTRE DE LÀ'...

"... MAIS ALORS, P'T-ÊTRE QU'IL Y A AUSSI UN "ÉTÉ CON-BOY" ?

EEEH, MAIS REGARDEZ QUI VOILÀ !

!!!

"PUNAISE, JE LES AI PAS VUS VENIR !... QU'EST-CE QU'I M'A PRIS DE RESTER BLOQUÉ SUR CETTE AFFICHE, MOI ?!

ON DIRAIT BIEN QUE TU TRAÎNES SUR NOTRE TERRITOIRE...

LAISSEZ TOMBER... J'SUIS PAS RENTRÉ DANS VOS MAISONS, OK ?...

MAIS T'ES DANS NOTRE RUE... ET JE CROIS QUE ÇA MÉRITE UNE PETITE CORRECTION, PAS VRAI LES GARS ?

VOUS ME TOUCHEZ, JE VOUS ALLUME LA TÊTE...

QU'EST-CE QUE VOUS ATTENDEZ ? CHOPEZ-LE !

28

KRUNK!

AÏE!

BAFF!

OUCH!

OUUUUiiiLLOUiiLLOOOUU!!

C'EST BON?...VOUS ME LAISSEZ PARTIR, MAINTENANT?

Si!...Si TU TE LAISSES PAS FAIRE, ON DIT TOUT À SAUL ET C'EST iVAN QUI VA MORFLER À TA PLACE!

ATTACHE-LE AU POTEAU!

VOiLÀÀÀ!...ET J'Ai MÊME UN FEUTRE DORÉ, QUi SERA PARFAiT POUR TA PEAU TOUTE NOiRE! ON VA BiEN SE MARRER!

KLiK!

...FAiS-LE, TON DESSiN DÉBiLE, QU'ON EN FiNiSSE...

AH! MAiS POUR TOi, CE SERA TRAITEMENT SPÉCiAL...METTEZ-LE À POiL, LES GARS, QU'ON PRENNE DE JOLiES PHOTOS! HA! HA! HA!

QUOi?!

29

SKRAAATCH!

RHHAAAAAAAA!!!

OUILLE!

QU'EST-CE QUE JE VAIS DESSINER ?... C'EST PAS TOUS LES JOURS QU'ON A UN CHEF DE BANDE SOUS LA MAIN ! FAUT QUE CE SOIT LA MAXI-HONTE !!!

IL N'A PLUS QUE SON SLIP !... ON CONTINUE, OU PAS ?

SANS MOI, J'AI DÉJÀ SUFFISAMMENT RAMASSÉ !

EH, KEVIN, EST-CE QU'ON LUI ENLÈ... HO, BEN DIS DONC ?!

BEN QUOI ? POURQUOI TU TIRES CETTE TRONCHE ?

PARCE QU'IL VOIT QUE T'AS MON NOUVEAU "LANCE-PIERRE-LASER" POINTÉ SUR TA GUEULE, ET VOUS ALLEZ LIBÉRER DODJI !!

EDWIGE ?!... JE TE PRÉVIENS, JE...JE VAIS DIRE À SAUL QUE... QUE...

POK

AOUHHL

30

32

WHAHHOU!! HA! HA! HA! QU'EST-CE QUE ÇA SOULAGE!

MERCI EDWIGE... VRAIMENT.

J'ALLAIS PAS LES LAISSER T'EMBÊTER, QUAND MÊME!

J'ESPÈRE JUSTE QUE ÇA VA PAS RETOMBER SUR YVAN, TOUT ÇA...

OUAIS, BEN C'EST EUX QU'ONT COMMENCÉ.

...C'EST DROIT DEVANT.

PAR CONTRE, SURVEILLE BIEN LES ALENTOURS... AU CAS OÙ LE TIGRE SERAIT REVENU, LUI AUSSI.

C'EST DOMMAGE QUE J'AIE PERDU MON LANCE-PIERRE... J'Y AVAIS SCOTCHÉ UN STYLO-LASER, JE VISAIS TROP BIEN AVEC!

IL EST ENCORE LOIN, TON CIRQUE?

...NON, ON Y EST PRESQUE. ON TROUVERA DE QUOI SE RHABILLER, LÀ-BAS.

...ET PUIS, J'AI QUELQUE CHOSE À VÉRIFIER.

32

ÇA Y EST, JE SUIS À NOUVEAU PRÊTE À CHASSER DU BOUFFON !

DODJI ?

T'AS TROUVÉ QUELQUE CHOSE ?

C'ÉTAIT DANS LA CENDRE... LE BRIQUET DE MON BEAU-PÈRE.

OH... LE SALOPARD ?

OUAIS... MAIS J'ADORAIS CE ZIPPO, IL ME L'AVAIT OFFERT POUR MES 9 ANS. J'SAVAIS PAS OÙ JE L'AVAIS PERDU.

ET JE LE RETROUVE ICI, À MOITIÉ CRAMÉ... TU COMPRENDS CE QUE ÇA VEUT DIRE ?

ÇA VEUT DIRE QUE J'ÉTAIS ICI AU MOMENT DE L'INCENDIE, MÊME SI JE NE ME LE RAPPELLE PLUS.

...JE PENSE QUE C'EST ICI QUE JE SUIS MORT.

33

HiiiiiiiiHiHHiHAHA

HihiHiiiiiiiHouHou! ARRÊTEEEEZ!

ALLEZ, PARLE, CRAPULE!

LAISSE-LE REPRENDRE SON SOUFFLE, JONATHAN!

guili guili

ALORS, CE SERA QUOI, VOS PROCHAINS OBJECTIFS, POUR LES TAGS? MHHMM? GUILIGUILiiiiii...

HiiiiiiiiiiHiHiHiHH...

MAIS J'VOUS ASSURE QUE ...QUE JE SAIS RIEN DU TOU-HOU-HOOOUUU...

SLAP!

WOW!

MAIS ÇA VA PAS? ÇA FAIT SUPER-MAL!!!

EH! KEVIN, C'EST QUOI, CE DÉLIRE?!

CELLE-LÀ, C'EST POUR TON POTE DODJI QUI NOUS EST TOMBÉ DESSUS!

ET CELLE-LÀ, C'EST POUR LA TEIGNE!

SLAP!

T'ES SÛR QUE TU VEUX DÉJÀ PASSER À L'ÉTAPE SUIVANTE?

Hiiiii! ARRÊTEZ, BON SANG!

AU SUIVANT!

JE VEUX DIRE: ILS SE SONT JUSTE UN PEU BATTUS, C'EST PAS ENCORE BIEN GRAVE.

IL FAUT TOUJOURS AVOIR UN TEMPS D'AVANCE SUR EUX, CHARLIE: NE JAMAIS FAIRE PREUVE DE FAIBLESSE.

ALORS, PRENDS LE FUSIL ET VEILLE À CE QU'ILS RESTENT BIEN DANS LEUR CAMP JUSQU'À NOTRE ARRIVÉE, D'ACCORD?

O.K.

LA TRONCHE QU'ILS VONT FAIRE QUAND ILS VERRONT NOTRE PETITE SURPRISE! HA! HA!

BEN, VOUS VOILÀ, VOUS!

QU'EST-CE QUE C'EST QUE CETTE TENUE ?! ET ÇA FAIT UNE HEURE QUE J'ESSAIE DE T'APPELER !

J'AI PERDU MON TÉLÉPHONE QUAND...

ET JE CONSTATE QUE T'AS MÊME PAS ÉTÉ FICHU DE LIBÉRER YVAN !...MONSIEUR AVAIT PEUT-ÊTRE PLUS IMPORTANT À FAIRE ? PAR EXEMPLE S'HABILLER EN CLOWN ?

EH, LEÏLA, C'EST PAS LE MOMENT! J'AI ...

EFFECTIVEMENT, C'EST PAS LE MOMENT !! SUIS-MOI!

DE NOUVEAUX CAIRNS, EN BANLIEUE DE LA VILLE ?!

C'EST ZO ET SON ÉQUIPE QUI SONT TOMBÉS DESSUS.

TU COMPRENDS ? APRÈS LES INCENDIES DE SAUL, LES SINGES ONT DÛ RECONSTRUIRE DES CAIRNS, MAIS TOUT AUTOUR DE NOUS, CETTE FOIS-CI !!

ILS ONT AGRANDI LA ZONE ROUGE, ET MAINTENANT, ON EST EN PLEIN DEDANS !!!

35.

"...VOUS AVEZ COMPRIS LA SITUATION ? ALORS ON S'ACTIVE, MAINTENANT = EMBARQUEZ VOS AFFAIRES DANS LE BUS !

BETTY, APPELLE TES ANCIENS POTES DU PARC ET DEMANDE A' PARLER A' SAUL TOUT DE SUITE !

JE SUIS DÉSOLÉE POUR BORIS, ZO.

JE ...J'AI LAISSÉ UN MOT. JE SUIS SÛRE QU'IL NOUS TROUVERA.

ET COMMENT ON FAIT POUR LYAN ?

JE PENSE QUE MÊME SAUL COMPRENDRA QUE CE N'EST PLUS LE MOMENT DE JOUER A' LA GUÉGUERRE !

BLAM!

HAAAA!

TAK!

QU'EST-CE QUE "... ?!

ON NOUS TIRE DESSUS! TOUT LE MONDE A' COUVERT !

BLAM!

TAK!

HAAAA!

OUILLE, PUNAISE ...ÇA FAIT SUPER-MAL A' L'ÉPAULE, CE TRUC !

EH! EN BAS! N'APPROCHEZ PAS DU BUS, C'EST UN ORDRE !

CHARLIE, C'EST TOI ?! ÇA VA PAS ? MAIS T'ES MALADE ?!

Z'AVIEZ QU'À PAS ATTAQUER LES NÔTRES ! FALLAIT Y PENSER AVANT !

ENFIN, MAIS DE QUOI IL PARLE ?

RRRHH, AVEC EDWIGE, ON S'EST UN PETIT PEU "FRITÉS" AVEC EUX.

AH, BEN BRAVO POUR LA MISSION DISCRÈTE !

LEÏLA, TU SAIS BIEN QUE SAUL ALLAIT DE TOUTE FAÇON NOUS JOUER UN SALE TOUR, NON ?!

SKLIIIING !

BAM !

TAK !

IL VEUT NOUS BLOQUER ICI !

JE... JE VIENS D'AVOIR SAUL, MAIS... IL NE M'A PAS CRU POUR LA ZONE ROUGE ! ...

TAK !

IL DIT QU'ON ESSAIE JUSTE DE GAGNER DU TEMPS AVEC DES MENSONGES, MAIS QUE C'EST TROP TARD = QUE C'EST LA GUERRE, MAINTENANT !

VOUS ENTENDEZ ?

RRRRRRRRRRRRRRRRaaaaarRRRR TARATATATAAAATARaa

ON DIRAIT DES TAMBOURS... MAIS IL Y A AUTRE CHOSE...

RRRRRRRRRRRRRRRRRRRRRRRRRR AAAAA TRATATAAAATATATABRATAA TAARAaa

?!

VOUS, LÀ-BAS! ...VOUS AVEZ PROVOQUÉ MON CLAN UNE FOIS DE TROP! VOUS ALLEZ LE PAYER, MAINTENANT!

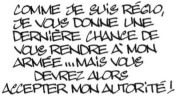

COMME JE SUIS RÉGLO, JE VOUS DONNE UNE DERNIÈRE CHANCE DE VOUS RENDRE À MON ARMÉE ...MAIS VOUS DEVREZ ALORS ACCEPTER MON AUTORITÉ!

C'EST MAINTE-NANT OU JAMAIS! ...VOUS AVEZ DEUX MINUTES POUR RÉFLÉCHIR!

C'EST FINI ...ON EST COINCÉS, ET EN PLUS, ILS TIENNENT YVAN! ON PEUT PLUS RIEN FAIRE, J'SUIS DÉGOÛTÉE!!

VIENS! ...IL NOUS RESTE UNE PETITE CHANCE.

FAUT ESSAYER DE CAPTURER CHARLIE = COMME ÇA, NOUS AUSSI, ON AURA UN OTAGE!

?!

?

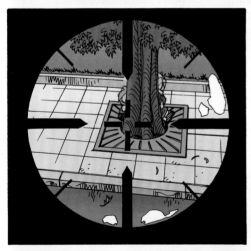

PRÉPAREZ-VOUS À FAIRE FEU!

BLAM BLAM BLAM

BLAA...AAM!

?!!

39

ZO? ALLEZ TOUS DANS LE BUS ET PRÉPAREZ VOUS À PARTIR ! ON A CHOPÉ CHARLIE ! ON ARRIVE TOUT DE SUITE.

ALLEZ, TU VAS NOUS SU'VRE GENTIMENT, MAINTENANT.

ET TU FERAS QUOI SI JE REFUSE ?... ME TUER ? HA ! HA ! MAIS ON S'EN FICHE !

SAUL L'A BIEN DIT ! ON RISQUE PLUS RIEN, MAINTENANT !!

CHARLIE ?! ATTENDS ! NE FAIS PAS ÇA !!

NON!

HAHAHAA!!

40

HAHA?!!... HAqAAAL!!

BROOFF!

IL EST...

QUEL IDIOT!! ÇA...ÇA N'A RIEN DE MARRANT, DE VIVRE ÇA!!

...MAINTENANT, IL SAURA CE QUE C'EST VRAIMENT!!...

♪ I WILL SURVIVE ♪

OUI? ...HEIN?? YVAN!!

OUAIS! C'EST JONATHAN, UN GAMIN DU CLAN DU SOLEIL, QUI M'A FILÉ DISCRÈTOS UN COUTEAU POUR M'ENFUIR: IL A TROUVÉ QUE SES COPAINS AVAIENT ÉTÉ TROP LOIN AVEC MOI! HA! HA!

OUILLE!

...COMMENT ÇA, VOUS QUITTEZ LA VILLE?!

OUI, IL FAUT QUE TU NOUS REJOIGNES LE PLUS VITE POSSIBLE!

ALLÔ, ZO? ON VA RÉCUPÉRER YVAN! DÉMARRE LE BUS ET ÉCOUTE-MOI BIEN...

...QUOI?! O.K., JE...JE VAIS ESSAYER!

41

VROOMM!
BRRRRRRrrr

"ILS ESSAIENT DE FUIR! FEU!!"

1

MAIS ALORS? QU'EST-CE QUE VOUS FOUTEZ?

EUH, ON ...ON VA Y ARRIVER, SAUL.

TU CROIS QUE C'EST ÇA?

J'EN SAIS RIEN, MOI! ON N'A ENCORE JAMAIS RÉUSSI À S'EN SERVIR!

ALLEZ, OUI!!

COMME ÇA!

VAS-Y!

PLUS VITE!

ME STRESSEZ PAS!! J'AI PAS APPRIS DEPUIS LONGTEMPS!

NON! ILS NE DOIVENT PAS M'ÉCHAPPER!

BAOOO

C'EST TOI QUI AS RÉUSSI À TIRER?

BEN NON, J'AI TOUCHÉ À RIEN!

42

C'EST... C'EST VRAIMENT MOI QUI VIENS DE FAIRE ÇA?!

HAAA!

MAIS... MAIS QUE... ?!

YVAN, PAR ICI, VITE!

ALLEZ-ALLEZ-ALLEZ!

PAS... PAS L'MOMENT D'ME RÉTAMER!

OUI!!

HOURRA POUR YVAN!

PLUS... PLUS JAMAIS DE SKATE! TROP DANGEREUX!

OUAIIIIS!

LE TANK SE RAPPROCHE! ON S'EN SORTIRA PAS!

PRENDS LA PROCHAINE À DROITE, ON A ENCORE UNE CHANCE DE LE SEMER!

ON VA LES COINCER! PRÉPAREZ-VOUS À TIRER!!

MAINTENANT, RALENTIS ET TOURNE À DROITE... RALENTIS!!

MAIS ON... ON VA SE FAIRE TIRER DESSUS!

VRROOO...

TOUT LE MONDE AU SOL !!

FAUT PRENDRE LE RISQUE ! PASSE LE VIRAGE DOUCEMENT, J'TE DIS !

FEU !!

BAOOOO

RATTRAPEZ-LES ! METTEZ TOUTE LA GOMME !

!!

HAAA!

Hiiii !

BLAM

BA

BROOM

ON LEUR A ÉCHAPPÉ !

NON! RHAAA!

47

ÇA A MARCHÉ!
WOUHOOUUUUU!!

PFFOOOUUU!

HA!HA!

C'EST NOUS LES MEILLEURS!

ATTENDEZ, ON... ON NE PEUT PLUS PASSER PAR LA'!

?!!

QU'EST-CE QUE C'EST QUE ÇA ?!

OH, NON... ON S'EST ENFONCÉ DANS LE SOL!

C'EST TOUTE LA ZONE ROUGE QUI S'EST ENFONCÉE!

...ILS VOULAIENT NOUS QUITTER?

NE T'INQUIÈTE PAS, ILS VONT RESTER AVEC NOUS, MAINTENANT.

AH, C'EST BIEN... J'AI TELLEMENT HÂTE QU'ILS NOUS REJOIGNENT...

...QU'ILS REJOIGNENT LA 9e FAMILLE.

46

COULEURS: USAGI.

FABIEN VEHLMANN BRUNO GAZZOTTI.